Cornelia Haas · Ulrich Renz

Mon plus beau rêve

Ndoto yangu nzuri sana kuliko zote

Livre bilingue pour enfants

avec livre audio et vidéo en ligne

Traduction:

Martin Andler (français)

Levina Machenje (swahili)

wa-zuri	w-ema		wa	wangu	-o	upi
m-zuri	mw-ema	u-	ya	yangu	-yo	ipi
mi-zuri	my-ema	i-	la	langu	-lo	lipi
zuri	jema	li-	ya	yangu	-yo	yapi
mazuri	mema	ya-	cha	changu	-cho	kipi
kizuri	chema	ki-	vya	vyangu	-vyo	vipi***
vizuri	vyema	vi-	ya	yangu	-yo	ipi
nzuri	nyema	i-	za	zangu	-zo	zipi
nzuri	nyema	zi-	wa	wangu	-o	upi
mzuri	mwema	u-	wa	wangu	-o	upi
mzuri	mwema	u-	kwa	kwangu	-ko	kupi
kuzuri	kwema	ku-	pa	pangu	-po	wapi****
pazuri	pema	pa-			-ko	kuni

Les apprenants du swahili …

… trouveront en annexe des tableaux grammaticaux
utiles.

Amusez-vous bien avec cette merveilleuse langue !

Livre audio et vidéo :

www.sefa-bilingual.com/bonus

Accès gratuit avec le mot de passe:

français: **BDFR1527**

swahili: **BDSW2832**

Lulu n'arrive pas à s'endormir.
Tous les autres rêvent déjà – le
requin, l'éléphant, la petite
souris, le dragon, le kangourou,
le chevalier, le singe, le pilote.
Et le bébé lion. Même
Nounours a du mal à garder
ses yeux ouverts.

Eh Nounours, tu m'emmènes
dans ton rêve ?

Lulu hawezi kulala. Wengine
wote wanakuwa wanaota sasa
– papa, tembo, panya mdogo,
dragoni, kangaruu, shujaa,
nyani, rubani. Na kitoto cha
simba. Hata dubu ana shida
kuendelea kufungua macho
yake...

Dubu, je, utanipeleka kwenye
ndoto yako?

Tout de suite, voilà Lulu dans le pays des rêves des ours. Nounours attrape des poissons dans le lac Tagayumi. Et Lulu se demande qui peut bien vivre là-haut dans les arbres ?
Quand le rêve est fini, Lulu veut encore une aventure. Viens avec moi, allons voir le requin ! De quoi peut-il bien rêver ?

Na kwa hilo, Lulu anajikuta ndani ya nchi ya ndoto ya dubu.

Dubu anakamata samaki ndani ya ziwa Tagayumi. Na Lulu anashangaa nani anaweza kuishi huko juu ndani ya miti?

Ndoto inapokwisha, Lulu anataka kutafuta ujasiri mwingine. Haya, twende tumtembelee papa! Anaweza akawa anaota nini?

Le requin joue à chat avec les poissons. Enfin, il a des amis ! Personne n'a peur de ses dents pointues.

Quand le rêve est fini, Lulu veut encore une aventure. Venez avec moi, allons voir l'éléphant ! De quoi peut-il bien rêver ?

Papa anacheza mchezo wa kugusana na samaki. Mwishoni anapata marafiki! Hakuna anayeogopa meno yake makali.

Ndoto inapokwisha, Lulu anataka kutafuta ujasiri mwingine. Haya, twende tumtembelee tembo! Anaweza akawa anaota nini?

L'éléphant est léger comme une plume et il peut voler ! Dans un instant il va se poser dans la prairie céleste.

Quand le rêve est fini, Lulu veut encore une aventure. Venez avec moi, allons voir la petite souris. De quoi peut-elle bien rêver ?

Tembo ni mwepesi kama unyoya na anaweza kuruka! Yuko karibu kutua kwenye malisho ya anga.

Ndoto inapokwisha, Lulu anataka kutafuta ujasiri mwingine. Haya, twende tumtembelee panya mdogo! Anaweza akawa anaota nini?

La petite souris visite la fête foraine. Ce qui lui plaît le plus, ce sont les montagnes russes.

Quand le rêve est fini, Lulu veut encore une aventure. Venez avec moi, allons voir le dragon. De quoi peut-il bien rêver ?

Panya mdogo anakuwa anaangalia kiwanja cha burudani. Anapenda zaidi treni ya burudani inayopita kwenye miinuko na miinamo mikali.

Ndoto inapokwisha, Lulu anataka kutafuta ujasiri mwingine. Haya, twende tumtembelee dragoni! Anaweza akawa anaota nini?

Le dragon a soif à force de cracher le feu. Il voudrait boire tout le lac de limonade !

Quand le rêve est fini, Lulu veut encore une aventure. Venez avec moi, allons voir le kangourou. De quoi peut-il bien rêver ?

Dragoni ana kiu kwa kutema moto. Angependa kunywa ziwa lote la maji ya limau.

Ndoto inapokwisha, Lulu anataka kutafuta ujasiri mwingine. Haya, twende tumtembelee kangaruu! Anaweza akawa anaota nini?

Le kangourou sautille dans la fabrique de bonbons et remplit sa poche. Encore plus de ces bonbons bleus ! Et plus de sucettes ! Et du chocolat ! Quand le rêve est fini, Lulu veut encore une aventure. Venez avec moi, allons voir le chevalier ! De quoi peut-il bien rêver ?

Kangaruu anaruka kuzunguka kiwanda cha lawalawa na kujaza kifuko chake. Hata peremende nyingi za bluu! Na pipi vijiti! Na chokoleti! Ndoto inapokwisha, Lulu anataka kutafuta ujasiri mwingine. Haya, twende tumtembelee shujaa! Anaweza akawa anaota nini?

Le chevalier a une bataille de gâteaux avec la princesse de ses rêves. Ouh-la-la, le gâteau à la crème a râté son but !
Quand le rêve est fini, Lulu veut encore une aventure. Venez avec moi, allons voir le singe ! De quoi peut-il bien rêver ?

Shujaa anakuwa na mchezo wa kurushiana keki na binti mfalme kwenye ndoto. Oo! Keki ya malai imekwenda njia isiyo yake!
Ndoto inapokwisha, Lulu anataka kutafuta ujasiri mwingine. Haya, twende tumtembelee nyani! Anaweza akawa anaota nini?

Il a enfin neigé au pays des singes. Toute leur bande est en folie, et fait des bêtises.

Quand le rêve est fini, Lulu veut encore une aventure. Venez avec moi, allons voir le pilote ! Sur quel rêve a-t-il pu se poser ?

Mwishoni theluji imeanguka katika nchi ya nyani. Kikosi chote cha nyani wakawa wazimu na kucheza kama mazuzu.

Ndoto inapokwisha, Lulu anataka kutafuta ujasiri mwingine. Haya, twende tumtembelee rubani! Anaweza akawa anaota nini?

Le pilote vole et vole. Jusqu'au bout du monde, et encore au delà, jusqu'aux étoiles. Jamais aucun pilote ne l'avait fait.
Quand le rêve est fini, ils sont déjà tous très fatigués, et n'ont plus trop envie d'aventures. Mais quand même, ils veulent encore voir le bébé lion. De quoi peut-il bien rêver ?

Rubani anaruka na kuruka. Mpaka mwisho wa dunia, na hata mbali zaidi, mpaka juu kwenye nyota. Hakuna rubani mwingine aliyeweza kufanya hivyo.

Ndoto inapokwisha, Lulu anataka kutafuta ujasiri mwingine. Haya, twende tumtembelee kitoto cha simba! Kinaweza kikawa kinaota nini?

Le bébé lion a le mal du pays, et voudrait retourner dans son lit bien chaud et douillet.
Et les autres aussi.

Et voilà que commence …

Kitoto cha simba kina hamu kwenda nyumbani na kinapenda kurudi
kwenye kitanda cha joto na starehe.
Hata na wengine.

Na hapa inaanza ...

... le plus beau rêve
de Lulu.

... ndoto ya Lulu nzuri sana kuliko zote.

Les auteurs

Cornelia Haas est née en 1972 à Ichenhausen près d'Augsbourg. Après une formation en apprentissage de fabricant d'enseignes et de publicités lumineuses, elle a fait des études de design à l'université de sciences appliquées de Münster où elle a obtenu son diplôme. Depuis 2001, elle illustre des livres pour enfants et adolescents, depuis 2013, elle enseigne la peinture acrylique et numérique à la à l'université de sciences appliquées de Münster.

Ulrich Renz est né en 1960 à Stuttgart (Allemagne). Après des études de littérature française à Paris, il fait ses études de médecine à Lübeck, puis dirige une maison d'édition scientifique et médicale. Aujourd'hui, Renz écrit des essais et des livres pour enfants et adolescents.

Tu aimes dessiner ?

Voici les images de l'histoire à colorier :

www.sefa-bilingual.com/coloring

► À lire à partir de 2 ans

Tim ne peut pas s'endormir. Son petit loup n'est plus là ! Est-ce qu'il l'a oublié dehors ?
Tout seul, il part dans la nuit – et rencontre des compagnons inattendus ...

Disponible dans vos langues?

► Consultez notre „Assistant Langues" :

www.sefa-bilingual.com/languages

▶ D'après un conte de fées de Hans Christian Andersen

▶ Âge de lecture : 4-5 ans et plus

« Les cygnes sauvages », de Hans Christian Andersen, n'est pas pour rien un des contes de fées les plus populaires du monde entier. Dans un style intemporel, il aborde les thématiques du drame humain : peur, courage, amour, trahison, séparation et retrouvailles.

Disponible dans vos langues?

▶ Consultez notre „Assistant Langues" :

www.sefa-bilingual.com/languages

Swahili Noun Class Table (I)

Bantu Noun Class	Person		Subject prefix	Subject prefix negative	Subject / Object Prefix	Possessive pronoun ("my", "your" ...)	"all"
1	1st sing.	mimi	ni	si	ni	-angu	—
	2nd sing.	wewe	u	hu	ku	-ako	—
	3rd sing.	yeye	a	ha	m	-ake	—
2	1st plur.	sisi	tu	hatu	tu	-etu	(sisi) sote
	2nd plur.	nyinyi, ninyi	m	ham	wa / -eni*	-enu	(nyinyi) nyote
	3rd plur.	wao	wa	hawa	wa	-ao	(wao) wote

* Because -wa is also the object prefix of the 3rd person plural, the suffix -eni is frequently appended for disambiguation

Swahili Noun Class Table (II)

Bantu Noun Class	Class Descriptor	Noun (Example)	Adjective (-zuri)	Adjective (-ema)	Subject / Object Prefix	Genitive preposition (-a)	Possessive -angu -ako -ake -etu -enu -ao	Relative morpheme	-pi? (Which?)	-ngapi? (How many?)
1	m-wa	m-toto	m-zuri	mw-ema	a-/yu-*	wa	wangu	-ye	yupi	/
2		wa-toto	wa-zuri	w-ema	wa-	wa	wangu	-o	wepi**	wangapi
3	m-mi	m-ti	m-zuri	mw-ema	u-	wa	wangu	-o	upi	/
4		mi-ti	mi-zuri	my-ema	i-	ya	yangu	-yo	ipi	mingapi
5	(ji)-ma	jina	zuri	jema	li-	la	langu	-lo	lipi	/
6		ma-jina	mazuri	mema	ya-	ya	yangu	-yo	yapi	mangapi
7	ki-vi	kitabu	kizuri	chema	ki-	cha	changu	-cho	kipi	/
8		vitabu	vizuri	vyema	vi-	vya	vyangu	-vyo	vipi***	vingapi
9	n	habari	nzuri	nyema	i-	ya	yangu	-yo	ipi	/
10		habari	nzuri	nyema	zi-	za	zangu	-zo	zipi	ngapi
11	u (concrete)	usiku	mzuri	mwema	u-	wa	wangu	-o	upi	/
14	u (abstract)	umoja	mzuri	mwema	u-	wa	wangu	-o	upi	/
15	ku	kusoma	kuzuri	kwema	ku-	kwa	kwangu	-ko	kupi	kungapi
16	pa	mezani	pazuri	pema	pa-	pa	pangu	-po	wapi****	pangapi
17	ku	mezani	kuzuri	kwema	ku-	kwa	kwangu	-ko	kupi	kungapi
18	mu	mezani	mzuri	mwema	m(u)-	mwa	mwangu	-mo	mpi	mngapi

*　e.g., yu- can be seen in the locatives (yupo, yuko, yumo) or demonstratives (huyu, yule). The negative form of yu- is formed regularly (ha-).

**　The irregular form *wepi* is used to avoid clashes with the word *wapi* meaning "where".

***　"vipi" is also used as an adverb meaning "how"

**** occasionally: papi

Swahili Noun Class Table (III)

Bantu Noun Class	Class Descriptor	Noun (Example)	Demonstrative pronoun (proximal)	Demonstrative pronoun (medial)	Demonstrative pronoun (distal)	-enye ("having")	-enyewe ("self")	-ote ("all")	-o-ote ("any")
1	m-wa	m-toto	huyu	huyo	yule	mwenye	mwenyewe	—	yeyote
2	m-wa	wa-toto	hawa	hao	wale	wenye	wenyewe	wote	wowote
3	m-mi	m-ti	huu	huo	ule	wenye	wenyewe	wote	wowote
4	m-mi	mi-ti	hii	hiyo	ile	yenye	yenyewe	yote	yoyote
5	(ji)-ma	jina	hili	hilo	lile	lenye	lenyewe	lote	lolote
6	(ji)-ma	ma-jina	haya	hayo	yale	yenye	yenyewe	yote	yoyote
7	ki-vi	kitabu	hiki	hicho	kile	chenye	chenyewe	chote	chochote
8	ki-vi	vitabu	hivi	hivyo	vile	vyenye	vyenyewe	vyote	vyovyote
9	n	habari	hii	hiyo	ile	yenye	yenyewe	yote	yoyote
10	n	habari	hizi	hizo	zile	zenye	zenyewe	zote	zozote
11	u (concrete)	usiku	huu	huo	ule	wenye	wenyewe	wote	wowote
14	u (abstract)	umoja	huu	huo	ule	wenye	wenyewe	wote	wowote
15	ku	kusoma	huku	hucho	kule	kwenye	kwenyewe	k(w)ote	k(w)okote
16	pa	mezani	hapa	hapo	pale	penye	penyewe	pote	popote
17	ku	mezani	huku	hucho	kule	kwenye	kwenyewe	k(w)ote	k(w)okote
18	mu	mezani	humu	humo	mle	mwenye	mwenyewe	m(w)ote	m(w)omote

Swahili - Order of morphemes ("infixes")

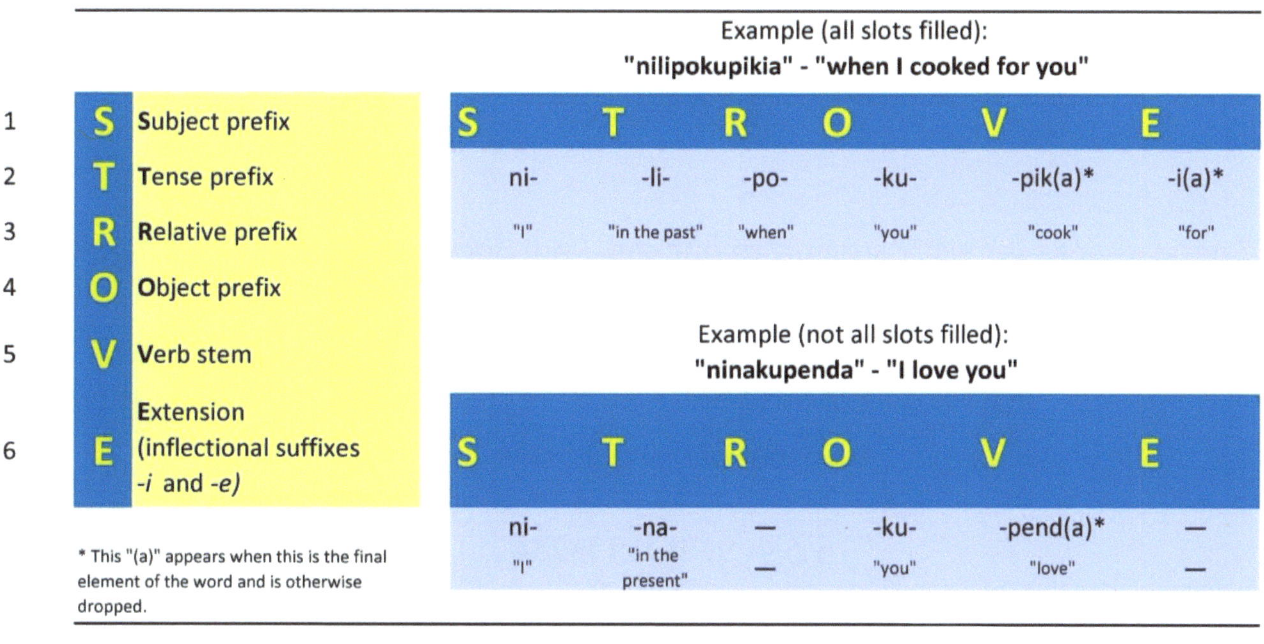

1	**S**	**S**ubject prefix
2	**T**	**T**ense prefix
3	**R**	**R**elative prefix
4	**O**	**O**bject prefix
5	**V**	**V**erb stem
6	**E**	**E**xtension (inflectional suffixes -*i* and -*e*)

* This "(a)" appears when this is the final element of the word and is otherwise dropped.

Example (all slots filled):
"nilipokupikia" - "when I cooked for you"

S	T	R	O	V	E
ni-	-li-	-po-	-ku-	-pik(a)*	-i(a)*
"I"	"in the past"	"when"	"you"	"cook"	"for"

Example (not all slots filled):
"ninakupenda" - "I love you"

S	T	R	O	V	E
ni-	-na-	—	-ku-	-pend(a)*	—
"I"	"in the present"	—	"you"	"love"	—

© 2026 by Sefa Verlag Kirsten Bödeker

Fahlenkampsweg 22

23562 Lübeck, Germany

www.sefa-verlag.de

info@sefa-verlag.de

Special thanks for his IT support to our son, Paul Bödeker, Freiburg, Germany

Font: Noto Sans

ISBN: 9783739962382